Bibliografische Information der Deutschen Nationalbibliothek
Die Deutsche Nationalbibliothek verzeichnet diese Publikation
in der Deutschen Nationalbibliografie; detaillierte bibliografische
Daten sind im Internet abrufbar über http://dnb.de

Daniel Fehr (Text) und Francesca Sanna (Bilder):
Ein Loch gegen den Regen?

Copyright © 2016 Atlantis, an imprint of Orell Füssli Verlag AG,
Zurich, Switzerland. www.atlantis-verlag.ch

Typografie: Manuel Süess, Zürich
Druck: Grafisches Centrum Cuno, Calbe
ISBN 978-3-7152-0719-3 / 2. Auflage 2017

# Ein
## Loch gegen den Regen?

Daniel Fehr
Francesca Sanna

atlantis

»Was machst du?«, fragt der Bär.
»Ich grabe ein Loch. Ein Loch gegen den Regen«, sagt der Hase.

»Nein, so geht das nicht!«, sagt der Bär.
»Gegen den Regen gräbt man doch kein Loch.
Gegen den Regen braucht man eine Höhle.
Du musst eine Höhle suchen.«

»Was macht der Hase?«, fragt der Dachs.
»Ein Loch gegen den Regen«, sagt der Bär.
»Nein, so geht das nicht!«, sagt der Dachs.
»Ein Loch ist zwar gut und recht, aber doch nicht hier!
 Ein Loch gehört in den Wald, unter einen Baum.«

»Nein, so geht das nicht!«, sagt der Specht.
»Das Loch gehört **in** den Baum, nicht **unter** den Baum!«

»Nein, so geht das nicht!«, sagt das Eichhorn und springt von einem Bein aufs andere. »Man macht doch kein Loch **in** den Baum! Man baut ein Nest **auf** dem Baum. – Hase«, sagt das Eichhorn ernst, »bau dir ein Nest auf dem Baum!«

»Was für ein Loch?«, fragt die Kuh.

Sie steht schon länger auf der Weide, hat aber nicht richtig zugehört.

»Der Hase gräbt ein Loch gegen den Regen«, sagt der Bär.

»Nein, so geht das nicht!«, sagt die Kuh.

»Gegen den Regen gräbt man doch kein Loch. Gegen den Regen gibt es den Stall.

Und **den** baut der Bauer.«

Tropfen fallen vom Himmel.

Bald schon regnet es.
Der Hase hüpft in sein frisch gegrabenes Loch.

Es regnet sogar ziemlich stark.

Vom Hasen ist nichts mehr zu sehen.